क्या लिखूँ

नेहा शर्मा 'नेह'

"पूज्य बाबूजी स्वर्गीय श्री ओमप्रकाश शर्मा जी को
सादर समर्पित"

क्रम-सूची

भूमिका

"क्या लिखूँ" सोचते हुए भी कुछ न कुछ लिख कर अपने मन के भाव प्रकट करने का भी अलग ही आनंद है। काव्य विधा, छंद आदि से अनभिज्ञ अपनी सरल भाषा में मन के उद्गार प्रकट कर लेती हूं ।

जब छोटी थी तब मेरे पापा कहते थे कि नियमित डायरी लेखन करना चाहिए, औरों के लिए नहीं बल्कि खुद के लिए, तब लिखती भी थी। फिर शादी हुई, फिर बच्चे, जिम्मेदारी बढ़ने के साथ लेखन तो कहां छूट गया पता ही नहीं चला।

कहानियां पढ़ने का बहुत शौक था। फेसबुक पर कहानी देखती तब पढ़ने लगती अगर बीच में कोई काम करने लगती तो वो कहानी पता नहीं कहां गायब हो जाती। एक दिन अपनी बहू से कहा, "एक बहुत अच्छी कहानी पढ़ रही थी, पर पता नहीं कहां गायब हो गई? उसने कहा, "प्रतिलिपि डाउनलोड कर लो मां"

बस फिर क्या था, कर लिया डाउनलोड। भरपूर कहानियां । उसपर रोज चर्चा का विषय भी होता था । एक दिन मैंने भी कोशिश की, पहली बार में सत्रह लाइक ....मेरी तो खुशी का ठिकाना नहीं। फिर उसको देखते देखते कविता कैसे लिखूं उसका ऑप्शन ढूंढा। बस यहीं से लेखन का सफर जारी हो गया। अगर कहा जाए कि लेखन के सफर में मेरी बहू का बड़ा योगदान है तो कोई अतिशयोक्ति नहीं होगी। प्रतिलिपि पर मैंने चार पांच धारावाहिक, लघु कथाएं भी लिखी है। मेरी दो लघु कथा प्रतियोगिता के तहत चयनित भी हुई। प्रतिलिपि के द्वारा एक पहचान भी मिली है, जिनमें कुछ स्नेही मुझे "मां साहिबा" भी कहकर भी पुकारते हैं।

बड़े बेटे ने मेरी रुचि देख मुझे एक ऑनलाइन समूह "साहित्य -

एक यात्रा" में जोड़ दिया जिसकी संस्थापिका कल्पना गोयल जी ने भी विषय देकर लेखन को आगे बढ़ाने में बहुत सहयोग किया। इसके लिए कल्पना गोयल जी हार्दिक आभार। समय समय पर प्रतियोगिता भी आयोजित करातीं जिसमें पुरस्कार प्राप्त होने पर आत्मविश्वास भी बढ़ता और भी गुणीजन से मिलने का मौका मिला।

प्रतिलिपि के द्वारा कई लेखकों ने अपने अपने ऑनलाइन मंच बनाए जिसमें भी सक्रिय रही। "काव्यधारा" से ऑनलाइन काव्यपाठ की शुरूआत हुई, उसके बाद "श्री सुर संगम काव्य गंग धारा" के माध्यम से आध्यात्म को काव्यरस में पिरोना सीखा। "कल्प कथा" ने भी लेखन में बहुत सहयोग किया। इस लेखन के जरिए ही मुझे आकाशवाणी से रचनाओं का प्रसारण भी हुआ।

मैं मेरे स्नेहीजन, मेरे मित्रों और वरिष्ठजन का भी दिल से आभार व्यक्त करती हूं जिन्होंने इस सफर को जारी रखने में प्रत्यक्ष अप्रत्यक्ष रूप से सहयोग किया। मैं मेरे जीवनसाथी श्री महेश शर्मा, मेरे दोनों बेटों और बहुओं का भी आभार व्यक्त करना चाहूंगी जिन्होंने मेरा उत्साहवर्धन किया और मेरा साथ दिया।

अब अपने प्रिय पाठकों के बहुमूल्य प्रतिक्रियाओं की प्रतीक्षा रहेगी।

1. मैं लिखना चाहती हूँ

मैं लिखना चाहती हूँ,
अपने मन की हर बात ,
दिल के सारे जज्बात,
अपने ही दिल के हालात...
मैं लिखना चाहती हूँ,
अपनों से मिली हर खुशी,
जो हैं मेरी ही जिंदगी
उन नफरतों को भी ,
जो लोगों से मुझे मिली...
मैं लिखना चाहती हूँ,
अपने ही मन के गुबार,
सारे ही दूँ कागज पर उतार,
जख्म कोई भी न रहे दिल में,
चाहे आर हो या पार.....
मैं लिखना चाहती हूँ,
उन सवालों को जिनका जवाब नहीं,
जो दिल को बहुत खलते है ,
पर किसी से कह नहीं सकते हैं.....
मैं लिखना चाहती हूँ वह शब्द ,
जो लोगों के दिल में उतर सके,
मेरी भावनाओं को समझ सके,
सही हूँ या गलत सच सच कह सके....
पता नहीं वो शब्द मेरे पास हैं या नहीं,

जो लोगों को समझ आ सके,
पर अपनी कोशिश जारी रखूँगी ,विश्वास है ,
कि लोगों को समझ आएगा कभी न कभी........

• 2 •

2. क्या लिखूं

सोचा आज मन की भावनाओं को,
एक कोरे कागज पर उतार लूँ,
मन विचार करने लगा क्या लिखूं,
खुशी लिखूँ ,गम लिखूँ या लिखूँ जज्बात,
सोचते हुए बीत गयी आधी रात,
पर समझ नहीं आई लिखने वाली बात,
भावनाओं के बादल उमड़ रहे थे,
और आँखों के जरिये निकल रहे थे,
कोरे कागज पर बूंद बन गिर रहा था,
और वो कागज आँसुओं से भीग रहा था,
यादों के समंदर में गोता लगाने लगी,
पता भी न चला और मुझे नींद आने लगी,
मन की सारी भावनाएँ मन में रह गई,
और कागज कलम साथ लिए न जाने कब सो गई......

3. एक दीप जलाना तुम

मन को घेरे जब अंधकार तब
मन मे एक दीप जलाना तुम
हर तिमिर अपने मन का
जरा प्रकाश फैलाना तुम
हो जब सूनी मन की बगिया
सुगन्धित पुष्प खिलाना तुम
महक उठे तन मन तुम्हारा
ऐसा गुलशन सजाना तुम
जब छा जाए मन मे निराशा
कभी निराश न होना तुम
मन मे उम्मीदों के पँख लगा
निराशा को भगाना तुम
हार न मानना जीवन से
परिस्थितियों से टकराना तुम
अपनी हिम्मत के बल पर
आसमाँ को छू जाना तुम

4. दिल की गहराई

दिल शांत है, दिल चंचल है
दिल में दया दिल में ही छल है
दिल कठोर दिल ही कोमल है
दिल बलशाली दिल ही निर्बल है
दिल मैला है तो दिल ही निर्मल है
दिल को कौन समझ पाया जग में
दिल की महिमा सबसे अलग है
दिल ने देखा न जात पात
न ही देखा कभी भेद भाव
दिल ने देखा गहरा समंदर
जहां है मीठे पानी का अभाव
दिल ने देखी है गहराई
जिसमें दुनिया डूबती चली आई
दिल ने देखी है तन्हाई
दिल ने देखी प्रीत पराई
दिल ने देखी प्रीत की मिसाल
राधा के संग कान्हा ने प्रीत निभाई
कोई करता सच्ची मोहब्बत
तो कोई होता हरजाई
दिल लगा कर दिल तोड़ना
किसने है ये रीत बनाई
दिल किसी पर आ जाये तो
इसमें दिल का क्या है कसूर

अपने ही दिल के हाथों
जब हो जाते हम मजबूर
दिल की खामोशी वो ही समझे
जिसमे भरी हुई हो चाहत
दिल की लगी बुझाए न बुझे
मिलती नहीं कहीं भी राहत...

5. ऐ वक़्त जरा ठहर

ऐ वक़्त जरा ठहर,
रफ़्तार बहुत तेज है तुम्हारी
कुछ पल सुकून की
साँस तो ले लेने दे
सब अपनी गति से
चल रहे हैं पर
तुम्हारी गति इतनी तीव्र क्यों हो गई
अभी तो कई फर्ज बाकी हैं
अभी तो कई कर्ज भी बाकी हैं
थोड़ा अपनों से बतियाने दे
उनके संग मुस्कुराने दे
वैसे ही बहुत कठिन है जिंदगी
काम नहीं आती कोई बन्दगी
अपने ही प्रयासों से ही सही
मुश्किलों से उबर जाने दे
स्मृतियाँ बन कर रह जायेगा अतीत
उन्हें वर्तमान में भी मुस्कुराने दे
रिश्तों में पड़ती दरारों की
मरम्मत की जरूरत की खातिर
खुद के मन में विश्वास भर जाने दे....

6. फ़लसफ़ा ज़िंदगी का

फ़लसफ़ा ज़िंदगी का कुछ समझ न आया

वक़्त ने हमको इतना उलझाया

चले थे भीड़ में शांति की तलाश में

अपना बचा खुचा चैन भी गँवाया

जिसको जितना खुद के करीब समझा

उतना ही उसे खुद से दूर है पाया

कौन है अच्छा और कौन बुरा

ये बात अब तक समझ न पाया

खिली धूप की तमन्ना थी मगर

मिली मुझे गम की छाया

खुद को वक़्त के अनुसार ढालना चाहा

पर वक़्त ने अलग ही रंग दिखाया

जाने किस डगर ले जाएगी ज़िंदगी मेरी

बीच राह में ही जब कदम डगमगाया

अब तो हो गया है कुछ ऐसा हाल

कतराने लगा हमसे हमारा ही साया....

7. बचपना बाकी है

बार बार यूँ आईना ....दिखाया न करो !
उम्र ढलान पर है.... जताया न करो!!
अभी दिल के किसी.... कोने में बचपना बाकी है!
बुढ़ापे की कह कह कर....यूँ उकसाया न करो!!
तुम क्या जानो ,अभी भी ये दिल जवान है!
दीवानों की तरह ......बातें बनाया न करो !!
हम तो एक हवा का झोंका ....न जाने कब उड़ जाएँगे!
संग मेरे उड़ान भरने से.......तुम भी कतराया न करो!!
जी लें आज को खुशियों से ....कल क्या होगा किसे पता!
आज के हसीन पलों को ....यूँ ही बेवजह जाया न करो!!

8. अनोखी खुशी

शाम छत पर बैठी बादलों को निहार रही थी,
सच ,देख दिल को बहुत सुकून मिल रहा था,
न जाने कितनी तस्वीर दिल मे उतर रही थी,
मन कल्पनाओं की उड़ान भरने लगा था,
यूँ लगा बस वक़्त यहीं पर ठहर जाए,
पर मन का चाहा कब होता है थोड़ी देर बाद,
तारों की चमचमाहट दिखने लगी, और दिल,
दिल का क्या वो तो चंचल ही होता है,
तारों की झिलमिलाहट, चाँद की चांदनी के साथ अठखेलियाँ
करते हुए देख मस्त हुआ जा रहा था,
जाने कितना समय यूँ ही उन्हें देखते बीत गया,
पर दिल ने उनमें भी अनोखी खुशी ढूंढ ली.......

9. एक बार फिर जी लेते हैं

कुछ हंसता खिलखिलाता बचपन
वो प्यारा सा अल्हड़पन
जिंदगी में न जाने गुम हो गए
याद ने आज फिर दस्तक दी है
गुजर रही है जिंदगी
अपनी ही रफ्तार में
जिम्म्मेदारियों के बोझ तले
खड़े आज इस मुकाम पे
ख्वाहिशें दिल मे लिए
सुनहरे कल के लिए
सांस छूट न जाये कहीं
सुनहरे कल के इंतजार में
भूल कर सारी मन की व्यथा
खुशियों के जाम ये पी लेते हैं
अपनों के संग मिलजुल कर
एक बार फिर जी लेते हैं

10. सपने भी टिमटिमाते हैं

टिमटिमाते तारों के सम
सपने भी टिमटिमाते हैं
पूरे कहाँ हो पाते हैं मनचाहे
बहुत से अधूरे रह जाते हैं
मुकम्मल कहाँ होता हर ख्वाब
उलझने पली हुई बेहिसाब
कुछ सवाल यूँ खलते हैं
मिलता नहीं जिसका कोई जवाब
कुछ सुकून पलों की चाह में
उम्र अब ढलान पर आ गई
मयस्सर होता नहीं हर किसी को सुकून
धीरे से कानों में कहकर समझा गई
पर हम भी कहाँ मानने वाले
सुकून की उम्मीद कभी न छोड़ेंगे
आखिर हार मानना ही पड़ेगा
इतना उसे मजबूर कर देंगे
मन में भर पूर्ण विश्वास
एक और प्रयास की लिए आस
अपने आज को जिंदादिली से जियेंगे
कल की खातिर अपने आज को जाया न करेंगे....

11. खुदा का करिश्मा

वाह रे खुदा अजीब है तेरा करिश्मा
बहुत ही खूबसूरती से रचा तूने ये जहां
कहीं पर है हरियाली तो कहीं पर रेत के बवंडर,
कहीं कल कल करती नदियां,कहीं विशाल समंदर
कहीं पर ऊँचे पेड़ देवदार के ,
तो कहीं पीपल ,बरगद विशाल से,
कहीं ऊंचे ऊंचे पर्वत तो कहीं खाली मैदान
कहीं पर लहलहाते खेत खलिहान
कहीं पर खूबसूरत फूल और फूल में कांटे
जो आपस मे प्यार ही प्यार बाँटें
कहीं पर है आतंक का साया
तो कहीं वीर जवानों की छाया
कहीं बच्चों की मुस्कान तो कहीं
इंसान के रूप में शैतान
कहीं पर दौलत की भरमार
तो कहीं कर्ज से आत्महत्या करता इंसान
कहीं पूरी होती हर ख्वाहिश
तो कहीं दुखों की होती बारिश
अजब तूने खेल रचाया
कहीं धूप तो कहीं छाया....

12. पहेली

वक़्त भी ये कैसी पहेली दे गया
उलझनें हजार जान अकेली दे गया
कहता है अपनी मुस्कुराहट मत खोना
और खुद ही चेहरे पर उदासी दे गया
कट रहे थे दिन भी यूँ ही किसी तरह
पलकों में ख्वाब हजारों दे गया
सोच चलो दिल बहला लूँ, कुछ गुनगुना लूँ
पर वो मुझे आवाज बेसुरी दे गया
सज संवर कर पिया को लुभा लूँ
पर मेरी सुंदरता को उड़ा ले गया
पंछी सी बन इधर उधर लहराती फिरूँ
पर मुझे तो वो चारदीवारी दे गया
कहीं इश्क न हो जाये किसी से
साथ अपने मेरी सारी खुमारी ले गया.....

13. अहसास

दिल के अंदर छिपा है एक समंदर
जिसमें बहुत गहराई है
पूरी की पूरी अहसासों की दुनिया
इस समंदर में समाई है
अहसास उन बचपन की यादों का
जो आज भी उस पल को जीना चाहते हैं
पूरी की पूरी जिंदगी निकल जाती है
पर बचपन को नहीं खोना चाहते हैं
अहसास जवानी के उस दौर का
जब एक दूजे के दिल में समाए थे
उन पलों की कशिश आज भी कहीं
दिल के कोने में दबाए बैठे हैं
अहसास उम्र के इस पड़ाव का
जहां ख़्वाहिशें भरपूर है
बचपन और जवानी की यादों में ही
जीने को मजबूर हैं
अहसास उन सुनहरे पलों के
जो अब तलक हमने जिये हैं
वो अहसास अब तक दिल में
हमने संजो लिए हैं
अहसास प्रकृति की खूबसूरती की
जो दिल को ताजगी देती है
अहसास चाँद तारों की चमक की

जो जिंदगी की चमक बनाये रखती है
अहसास उन फूलों की जिनमें
छिपी खिली मुस्कान है
जो लोगों के दिल में भरती
खुशियाँ अंजान हैं
अहसास मधुर संगीत का
जो बेजान में फूंकती जान है
संगीत ही जिंदगी में लाती रौनक
धड़कते दिलों की पहचान है
अहसास से ही भरा जीवन
अहसास में बसा संसार है
जिनके दिल में अहसास नहीं
वो बेजान सा इंसान है..

14. इच्छाएँ अनंत हैं

कोई सीमा नहीं इच्छाओं की,
इच्छाएँ अनंत हैं,असीम है,
हर चाहतें पूरी हों ,
ये जरूरी नहीं,
जीने की चाह में ,
कुछ का अधूरा ,
होना भी जरूरी है,
सबकी चाहतें ,
पूरी करने वाला,
दुनिया का मालिक
मुरलीवाला भी ,
अपनी राधा को ,
को पा न सका,
पा लेता तो,
इंसान की अधूरी इच्छा,
का क्या जवाब देता.....

15. चले चलो

रास्ता विकट हो,अंधेरा भी घनघोर हो,
रुक न जाना राह में ,चले चलो,चले चलो,
मंजिल पर ध्यान हो, चाहे कद आसमां सा हो
निडर बन बढ़े चलो ,चले चलो चले चलो,
शूरवीर बने रहो,कर्म पर डटे रहो,
सामने पहाड़ हो ,सिंह की दहाड़ हो,
कहीं पर भी ठहरना नहीं,
आंधी या तूफान से डरना नहीं
मन्जिल से भटकना नहीं,
सफर में अटकना नहीं
नजर लक्ष्य पर करे चलो ,
बढ़े चलो,चले चलो,चले चलो

16. साहिल पर खड़े होकर

साहिल पर खड़े होकर,
सागर की लहरों को देखा,
अठखेलियाँ करते हुए,
देखा सूरज को ढलते हुए,
नई सुबह का आगाज करने,
जिंदगी की रेत को फिसलते हुए,
यादों के समंदर को लहराते हुए,
वक़्त की रफ्तार बहुत तेज है,
और हम ख्वाहिशें लिए ,
अब भी वहीं खड़े हैं.....

17. विनती

आज के हालात का जिम्मेदार कौन है,
देखकर तबाही का मंजर रहता मौन है,
जाने कितने घरों में मची तबाही है,
क्या इसमें सुधार की जिम्मेदारी किसी ने उठाई है?
रोती चीखती है मानवता देख कर ये हाल विकराल
अंतिम क्रियाकर्म में अपने साथ नहीं ,क्या हुआ है हाल?
जिसको तरसते रहे जिंदगी भर जिसकी की थी आस
आज विदाई के वक़्त भी ,है नहीं क्यों वो पास?
इस तबाही के मंजर से, भय का आतंक ये मच रहा
भय से इंसान इंसान से मिलने में है डर रहा आज
जाने कब रोक लगेगी और कब होगा इसका अंत
चीख चीख कर सृष्टि पुकार रही अब बस करो हे जगन्नाथ
कैसी दिखाई तूने ये माया ,कैसा फैलाया ये जाल है
माना तेरी रचना से किया इंसां ने खिलवाड़ है
पर प्रभु अब बहुत ले चुके आपने हमारे इम्तिहान है
अपनी इस माया को समेटो आपसे विनती बारम्बार है....

18. शून्य का अर्थ

शून्य भी हमें बहुत कुछ सिखाता है
एकता का सन्देश दे कीमत बताता है
अकेला होने पर जिसकी कोई कीमत नहीं
पर किसी अंक के साथ मिले तो
शुन्य का भाव बढ़ जाता है
शून्य का सम्बंध भी हर जगह जुड़ा है
क्रिकेट में देखो तो शून्य पर आउट
हो जाने पर कितनी जिल्लत होती है
वैसे ही परीक्षा के परिणाम में भी
शून्य का आना जैसे जीवन को
ही शून्य कर जाता है
एक शून्य का अर्थ है खालीपन
या यूँ कह सकते हैं भावविहीन
तो हमें अकेले शून्य की तरह नहीं
बल्कि किसी अंक के साथ लगे
शून्य की तरह ही होना चाहिए
जिससे अपना भी मान बढ़ जाये....

19. फरिश्ता

एक रिश्ता ऐसा भी
होना चाहिए जीवन मे
जो बिना किसी स्वार्थ,
के आपको बेहद प्यार करे
और प्यार से ज्यादा
आपकी परवाह करे
आपके खुश होने से खुश
दुखी होने पर दुखी हो
आपकी मुस्कुराहट में छिपी
उदासी भी पढ़ ले
मिलता है क्या आज ऐसा रिश्ता
शायद वो बिरला ही
होता है कोई फरिश्ता ....

20. रब का शुक्रिया

बिन मतलब की रिश्तेदारी
बिन मतलब यारों की यारी
बिन मतलब की जिम्मेदारी में
कट गई यूँ ही उम्र सारी
बिन मतलब के देखे सपने
जो कभी नहीं हुए अपने
हर कदम पर चाल चली सबने
सुकून की ऐ जिंदगी
तेरी ही ख्वाहिश रखी हमने
पर खत्म होता कहाँ
चाहतों का सिलसिला
पर अपने अनुरूप कभी
भी कुछ नहीं मिला
फिर भी है रब का शुक्रिया

9 789889 673580 9